W0303164

Comment rater l'éducation de ses enfants ?

VIRGINIE DUMONT

Comment rater l'éducation de ses enfants ?

Illustrations de Carlotta

Fleuve Noir

ISBN 978-2-265-09076-7

SPÉCIALE DÉDICACE POUR TOUS LES PARENTS…

« Maman chérie, Je suis désolée de devoir te dire que j'ai quitté la maison pour aller vivre avec Dan, mon chéri. Il est l'amour de ma vie. Tu devrais le voir, il est tellement mignon avec tous ses tatouages, ses piercings et sa super moto. Mais ce n'est pas tout ma petite maman chérie. Je suis enfin enceinte et Dan dit que nous aurons une vie superbe dans sa caravane en plein milieu des bois. Il veut beaucoup d'enfants avec moi, c'est mon rêve aussi. Je me suis enfin rendu compte que la marijuana est bonne pour la santé et soulage les maux. Nous allons en cultiver et en donner à nos copains lorsqu'ils seront à court d'héroïne et de cocaïne pour qu'ils ne souffrent pas. Entre-temps, j'espère que la science trouvera un remède contre le sida pour que mon chéri aille mieux. Il le mérite vraiment tu sais. Ne te fais pas de soucis pour moi maman, j'ai déjà 13 ans, je peux faire attention à moi toute seule et le peu d'expérience qui me manque, mon amoureux le compensera avec ses 44 ans. J'espère te rendre visite très bientôt pour que tu fasses la connaissance de tes petits-enfants.

Mais d'abord je vais avec lui chez ses parents en caravane pour que nous puissions nous marier. Comme ça, ce sera plus facile pour son permis de séjour. Ta fille qui t'aime.

PS : Je te raconte des bêtises maman, je suis chez les voisins ! Je voulais juste te dire qu'il y a des choses bien pires dans la vie que le bulletin scolaire que tu trouveras sur ta table de nuit. Je t'aime. »

À Sylvain et Clémentine

L’ouvrage que vous avez entre les mains étant résolument optimiste, considérons l’angoissant premier trimestre de la grossesse derrière vous. Il ou elle est bien accroché, bien vivant, les annonces sont faites, vous pouvez enfin vous consacrer tranquillement aux six mois à venir… et réfléchir avec inquiétude aux années qui vont suivre, parce que l’éducation, à en croire l’ensemble des titres, articles, sites portant sur le sujet, semble être devenue une tâche quasi insurmontable, nécessitant pour toutes et tous un apprentissage de chaque instant, tant les **parents** seraient des êtres **immatures, incapables, démissionnaires**… Sans parler des nombreux experts de la question, qui, à la façon d'un « surmoi » éducatif proche de nos belles-mères d'antan, distillent de judicieux conseils de toutes sortes, le plus souvent impossibles à suivre. Et pour cause, vous n'êtes pas experts, sachez-le, mais simplement parents, autrement dit héritiers plus ou moins libres de l’enfant que vous étiez et que vos parents ont élevé…

C’est pourtant simple !

Partons du principe communément admis que l’éducation, comme le soin et la protection, répondent à la nécessité de permettre à un enfant de grandir – c’est généralement son vœu le plus cher – pour s’épanouir et trouver sa place dans le monde – c'est généralement votre vœu le plus cher.

Considérons que cela demande de l'amour, de la confiance, de l'écoute, une petite dose de fermeté, voire d'autorité sans autoritarisme, du respect, de la patience, du dialogue, des valeurs.

Répondez ensuite aux questions suivantes :

Aimez-vous votre enfant ?
Oui ☐ Non ☐ Ça dépend ☐

Avez-vous confiance en lui ?
Oui ☐ Non ☐ Ça dépend ☐

Êtes-vous à son écoute ?
Oui ☐ Non ☐ Ça dépend ☐

Savez-vous être ferme quand c'est nécessaire ?
Oui ☐ Non ☐ Ça dépend ☐

Le respectez-vous ?
Oui ☐ Non ☐ Ça dépend ☐

Avez-vous de la patience ?
Oui ☐ Non ☐ Ça dépend ☐

Entretenez-vous un dialogue avec lui ?
Oui ☐ Non ☐ Ça dépend ☐

Avez-vous des valeurs à lui transmettre ?
Oui ☐ Non ☐ Ça dépend ☐

Souhaitez-vous qu'il soit heureux ?
Oui ☐ Non ☐ Ça dépend ☐

Pensez-vous savoir le protéger ?
Oui ☐ Non ☐ Ça dépend ☐

Vous n'avez coché aucun « Non » : vous disposez de toutes les dispositions « parentales » nécessaires au bon déroulement des opérations.

Vous n'avez coché que des « Oui » : êtes-vous tout à fait sincère ?

Vous avez coché une majorité de « Ça dépend » : vous avez entre les mains le livre qui vous manquait, à explorer comme bon vous semble et dans l'ordre que vous choisirez, au gré de votre humeur et de vos préoccupations.

Vous y trouverez la petite dose d'humour qu'en matière d'éducation on oublie toujours, tant le sujet est « grave », sérieux, au cœur du projet de chacun de nous… et de la société tout entière.

Je me suis simplement « amusée » à dérouler les grandes lignes jusqu'à leur paroxysme.

C'est ainsi qu'on atteint l'absurdité éducative dans laquelle nous tous, parents, basculons parfois sans jamais le décider ni le vouloir vraiment.

Le parcours est balisé, il suffit de suivre les flèches…

Parents à tout prix !

L'agence tous risques

Le temps de la grossesse est idéal pour arrêter de rêver et réfléchir enfin sérieusement au projet éducatif que vous avez entrepris sans le savoir en décidant d'enrichir la société d'un individu supplémentaire, que ce soit une fille ou un garçon (sauf à vouloir passer pour un énergumène du siècle dernier, vous connaissez déjà le sexe).

Vous allez être accompagnés durant ce temps par la technique médicale – il peut même arriver que ce soit par une vraie personne exerçant le métier de sage-femme ou d'obstétricien – qui prendra soin de prévenir tous les risques que « la mère et l'enfant » pourraient courir.

Sachez tirer le meilleur parti de cet apprentissage et faire du **Risque Zéro** une ligne de conduite : c'est un excellent moyen de tenter de maîtriser ce qui pourrait nous échapper – comme un enfant – et d'entretenir l'angoisse au quotidien, deux préalables indispensables à tout projet de rater son éducation.

Il vous suffit pour cela d'identifier l'ensemble des risques que la vie présente et les moyens d'en préserver votre futur bébé : le risque de souffrir, le risque d'aimer, le risque de ne pas aimer, le risque d'échouer, le risque de réussir, le risque d'apprendre, le risque de ne pas apprendre, le risque de fumer, le risque de conduire, le risque de décevoir, le risque du chômage, le risque d'une mauvaise rencontre, le risque de catastrophe naturelle…

On peut prendre modèle sur les offres promotionnelles des banques et des assurances. Elles sont de plus en plus exhaustives et ressemblent à s'y méprendre à un projet éducatif :

« Les solutions pour être bien accompagné. »
« Faire face aux risques d'aujourd'hui. »

De la maison et la famille au téléphone portable, en passant par les études, le scooter, la dépendance, la maladie, l'avenir, l'ordinateur, rien n'est laissé au hasard.

Mais pour plus de sécurité encore, faites votre propre liste – c'est un signe d'autonomie – en laissant quelques lignes vierges : dans la mesure où l'éducation s'étend sur une bonne vingtaine d'années, il y a fort à parier que de nouveaux risques verront le jour au fur et à mesure du temps qui passe. On ne peut malheureusement ni tout **prévoir** ni tout **contrôler**.

Adopter la position inverse et faire confiance à la vie qui s'épanouit, sans ressentir la nécessité d'assurer la moindre protection, du style : « Ça pousse tout seul » est

BB

une alternative à étudier (cela dépend en grande partie de l'éducation que l'on a reçue). C'est une attitude moins courue de nos jours, et qui peut, il faut le savoir, vous exposer au regard soupçonneux des « bons parents » qui anticipent tout et vont rapidement vous cataloguer parmi les inconscients, avant même que vous n'ayez fait vos preuves.

••• Quelques variantes :

– Le tout technique

Disposer d'un ou de plusieurs livres d'experts, rompus à la technique du développement, peut être une nécessité pour se révéler « Parent incapable d'identifier simplement les besoins de son enfant » et prendre soin de celui-ci comme d'une machine.

Pour les plus modernes, Internet est une alternative de poids pour savoir ce que votre enfant doit faire, à quel âge, dans quel sens, et comment vous devez réagir pour réussir le douloureux passage…

Un petit exemple ?

À 6 mois : Deux premières incisives du bas.
Bébé les a sorties à 5 mois : un surdoué, à inscrire d'urgence dans une école spécialisée ?

À 8 mois : Deux premières incisives du haut.
Bébé a eu 8 mois il y a huit jours et toujours rien à l'horizon : faut-il envisager l'extraction dentaire ?

À 27 mois : Grammaticalisation du discours – premières prépositions (à, de, pour) – pronoms personnels (je, tu, il puis nous)...
Si on en profitait pour démarrer l'apprentissage d'une seconde langue ?

– Le tout psy

Traquer l'inconscient à chaque instant, le vôtre comme celui de votre enfant, interpréter son moindre battement de cils en fonction de théories psychanalytiques mal assimilées – et pour cause, ce n'est pas votre métier – peut tout aussi bien **pourrir la vie de chacun**, dès lors que vous en faites un **dogme éducatif** : on a ainsi vu des parents démarrer l'apprentissage précoce de la culpabilisation réciproque parce que leur bébé n'était pas propre à deux ans et demi.

À l'inverse, ne jamais se poser la question du sens peut aussi être lourd de conséquences !

••● Petite devinette

Il va sans dire que construire son projet éducatif sous-entend de se poser en amont la question fatidique et cependant philosophique : quelle est la finalité de l'éducation ? Profitez de votre prochain dîner entre amis pour lancer le sujet : je vous garantis l'ambiance de la soirée et l'état de confusion mentale absolu dans lequel vous vous endormirez !

Lost

Avant de développer les questions que tout parent se pose quand il est vraiment parent, il est nécessaire de rappeler les quelques grands principes de base qui devront vous accompagner au fur et à mesure de la longue marche. Au nombre de cinq, ils sont à la portée de toutes et tous et peuvent s'appliquer sans difficultés de la naissance à la fin de l'adolescence.

••• Un Trésor

Considérer l'enfant comme une **possession** inestimable, voire un trésor à vénérer, soustraire au regard d'autrui ou au contraire exhiber, contempler et faire proliférer : n'oubliez jamais que si c'est vous qui l'avez conçu, c'est l'enfant qui fait de vous un parent et donc une **valeur** absolue. Assez vite, dans ces conditions de vie, un trésor peut aussi être à l'origine d'un enfer et se transformer alors en une **plaie de l'humanité**, qui ne cessera de mobiliser toute votre énergie. Ce sera donc de « **Trésor** » que je vous parlerai, en vous encourageant à choisir un prénom original susceptible d'empoisonner la vie de votre enfant, et de constituer une source inépuisable de difficultés, notamment dans les cours de récréation que Trésor ne manquera pas de fréquenter, à moins que vous ne décidiez de « l'instruire » vous-même !

••• Une dette

Plus ou moins en forme, plus ou moins à terme, plus ou moins prête, plus ou moins au régime, mais bien angoissée, vous cheminez donc, en compagnie ou non du papa, au moins aussi angoissé que vous si ce n'est davantage, vers le grand jour : la naissance. Vous allez enfin découvrir en vrai à quoi ressemble le plus beau bébé du monde qui, dès cet instant, vous doit tout, et par-dessus tout, la vie. Vous avez quelques années pour le ou la convaincre qu'avec tout ce que vous avez fait, faites ou ferez, jamais il ou elle ne sera suffisamment **reconnaissant(e)**.

Peu d'entre nous échappent à cette « dette de vie » mais il faut le savoir, un enfant qui devient adulte a toutes les

chances de s'en acquitter. Il abandonnera père et mère pour aller à la rencontre de l'autre sexe (la plupart du temps) et finira (la plupart du temps aussi) par transmettre la vie à son tour et participer à la bonne marche de la société…

Comment donc en faire une dette insurmontable, une rente à vie pour psy-quelque chose, une source de débit bancaire chronique ?

Quelques exemples simples : consignez par écrit les sacrifices que vous êtes amenés à faire, dès ses premières semaines, pour habiller Trésor à la mode. Mieux encore, contractez un prêt (à un taux exorbitant) pour lui ouvrir un Livret A en vue du jour où il aura besoin d'argent.

••• Ses désirs sont des ordres !

Prendre les **besoins** de Trésor pour des **désirs** à ne pas **satisfaire**, et ses désirs pour des besoins impérieux à combler au plus vite est une garantie absolue de faire de lui un insatisfait chronique. Toute la difficulté étant bien sûr de ne pas différencier l'un de l'autre, de façon à bien se tromper d'objectif.

À titre indicatif, le besoin est naturel, objectif, universel, limité, nécessaire à la survie et entraîne une souffrance s'il n'est pas satisfait. À l'opposé le désir est subjectif, culturel, illimité.

Le petit quiz suivant vous permettra de vous y perdre aisément :

– Manger : besoin ou désir ?

– Les céréales « vu à la télé » : besoin ou désir ?

– Aller à l'école : besoin ou désir ?

– Le téléphone mobile de dernière génération : besoin ou désir ?

– Avoir un toit : besoin ou désir ?

– Dormir : besoin ou désir ?

– Aller au cinéma : besoin ou désir ?

– Se sentir en sécurité : besoin ou désir ?

– Communiquer : besoin ou désir ?

– La cinquième console de jeux : besoin ou désir ?

– Un parc d'attractions tous les six mois : besoin ou désir ?

– Disposer de 457 chaînes de télévision : besoin ou désir ?

Avoir conscience de cet amalgame entre besoins et désirs, ou plus précisément du tour de passe-passe habile qui transforme le désir et ses stratégies de réalisation en besoin à assouvir immédiatement est déjà un grand pas en avant pour décider en toute connaissance de cause que la culture de masse sera votre alliée.

••• Au centre du monde

Trésor, sans parole mais pas sans voix, va volontiers hurler pour exprimer un état de malaise dont il ne peut venir à bout tout seul durant les premières semaines de sa vie, du fait de son immaturité physiologique (le fameux besoin). C'est le seul moyen dont il dispose pour vous solliciter dans un moment difficile et il ne sait pas, si petit, que c'est un Autre (vous, le plus souvent) qui lui assure sa survie.

Au bout de quelques mois, il aura compris qu'il existe un lien entre la cause et l'effet – comme il aura compris qu'un sourire est magique – et apprendra peu à peu à en user à bon escient pour obtenir ce qu'il veut quand il veut. C'est de bonne guerre.

De là à grandir en se considérant **tout-puissant, omnipotent**, sans jamais réaliser que l'autre est une personne digne du même intérêt, il n'y a qu'un pas que vous pouvez

l'aider aisément à franchir : cela demande évidemment une certaine obéissance à sa majesté, voire un asservissement sans failles mais **Trésor est sacré** et c'est lui qui commande : il ne vous en sera jamais reconnaissant, continuera à croire que le monde dépend de lui et seulement de lui, vous tyrannisera durant son adolescence, mais vous serez en paix avec l'idée que vous l'avez élevé dans un royaume.

••● Pas une minute à perdre

Au vu des **extraordinaires compétences** dont dispose Trésor dès sa naissance, le mieux est de lui éviter d'emblée tout repos : dès les premières semaines, le couvrir de peluches stupides à force de ronronner et de paillettes indigestes aux couleurs fluos, le tout en multipliant toutes les sources de stimulations sensorielles, puis intellectuelles… Il n'y a pas un instant à perdre pour l'éveiller, développer son intelligence fulgurante et lui éviter de gâcher son potentiel. Trésor est surdoué et mérite à ce titre que vous ne le laissiez jamais tranquille. Il n'est pas certain que cela en fasse un génie, mais en revanche, il est certain que cela lui évitera d'expérimenter l'ennui, inestimable source de rêverie salutaire et de curiosité créative.

À partir de l'âge de 5 ans, combler tous les temps morts par de multiples activités sportives, artistiques, culturelles (l'idéal est de calquer sa journée sur la vôtre) : flâner, c'est bon pour ceux qui ont du temps à perdre, voire une enfance à vivre.

Une famille formidable

Une famille presque parfaite

Il va de soi que devenir parent, c'est fonder sa propre famille. Le fait qu'elle soit nucléaire, mosaïque, traditionnelle ou futuriste importe peu au regard des précautions élémentaires à prendre pour éliminer tous les obstacles qui pourraient surgir sur la route de Trésor… ou sur la vôtre : un enfant n'existe pas sans ses parents.

••● Verticalement

Fonder sa propre famille, c'est changer de génération. Autrement dit commencer à vieillir. Dans une société fascinée par la jeunesse.

Comment donc devenir parent et gommer les traces de l'âge ?

Comment parvenir à **supprimer la différence de génération**, si essentielle pour grandir, sans pour autant se conduire comme un enfant ou un adolescent, ce qui pourrait paraître un peu ridicule ?

Donner à Trésor un rôle d'adulte est une possibilité : on peut par exemple le laisser **décider à notre place** de l'heure de son coucher – et donc du nôtre –, choisir la marque de la prochaine voiture que vous voulez acheter, ou bien le menu de toute la famille. Le tout est de considérer qu'il est d'emblée autonome, indépendant et émancipé. Cela ne va pas tout à fait de soi, mais en y regardant de plus près…

On peut aussi se mettre à son niveau, le considérer comme notre égal en tout point : Trésor pleure, pleurez aussi. Trésor se met en colère, n'hésitez pas à en faire autant. Trésor vous provoque, provoquez-le en retour. Il vous raconte ses chagrins, racontez-lui les vôtres : **l'effet-confusion** est garanti.

Il vous faudra jouer plus finement à son adolescence. D'abord parce que vous aurez vraiment vieilli et que cela se verra et ensuite parce que Trésor sera jeune et beau – ou belle – et que cela se verra aussi. Mais là encore, avec quelques efforts, on peut décider d'oublier de vieillir – par exemple en adoptant la fameuse culture « jeune » –, comme on peut offrir à Trésor une crème anti-ride pour ses 15 ans, en prévention des signes de l'âge que vous commencez à ne plus pouvoir tout à fait masquer.

Cela n'empêchera pas Trésor de parler de vous en disant « mes vieux », et vous de croire qu'il s'agit de ses grands-parents...

••● Savoir choisir ses alliés

Un peu ridés, pas forcément toujours disponibles, en plus ou moins bonne santé, les grands-parents de Trésor font partie intégrante de sa constellation familiale : Trésor apprécie leur compagnie, peut-être d'ailleurs parce qu'ils ressemblent bien à des aînés, comme dans les livres, et aussi parce qu'ils sont moins inquiets, plus tranquilles, n'ayant pas à réaliser votre projet éducatif...

Il peut arriver qu'il devienne alors nécessaire de s'en débarrasser.

Le tout est d'impliquer subtilement Trésor, à propos d'un petit conflit sans importance, du style : pourquoi Trésor mange des légumes chez eux et pas chez nous ?

Étape n°1 : Tenez devant Trésor des propos laissant penser que ce sont des mauvaises personnes :

« – Ta mère préfère les enfants de ta sœur.

– Pas étonnant, elle a toujours préféré ma sœur. »

Étape n°2 : Très rapidement, Trésor se fera votre relais auprès d'eux, n'hésitant pas à devenir insupportable quand ils auront le plaisir de s'occuper de lui. Il n'est pas rare que le conflit de loyauté donne mauvais caractère aux enfants.

Étape n°3 : Plus ou moins rapidement, ils lui feront des réflexions sur cette épouvantable éducation que vous lui donnez…

Étape n°4 : Trésor, qui vous fait confiance, vous le racontera, ce qui vous prouvera bien que ces gens-là, ni fiables ni responsables, ne méritent en aucun cas de continuer à le ou la voir…

On peut bien sûr utiliser cette stratégie avec tous les autres membres de la famille élargie : les parents ne sont pas les seuls adultes autour desquels gravitent les enfants, chacun d'entre eux pouvant devenir un bienfaisant tuteur à éliminer.

••• Horizontalement

La sagesse consistant à minimiser les sources de difficulté, rater l'éducation d'un enfant paraît bien suffisant, en ces temps de précarité !

Mais avoir un enfant unique est une décision difficile à prendre, et les souvenirs de nos joyeuses embrouilles et alliances entre frères et sœurs pourraient bien resurgir… Sans parler des terribles prédictions associées à l'absence de fratrie : Trésor risquerait de devenir **égoïste, tyrannique, asocial, incapable de la moindre empathie…** Une vraie plaie de l'humanité !

Plusieurs cas de figure sont à envisager :

••• Cas n°1 : Vous vous êtes laissé aller à avoir plusieurs enfants

Permettre à Trésor d'être **un enfant unique avec des frères et sœurs** nécessite de diviser pour régner. Cela peut prendre différentes formes, plus ou moins subtiles :

• Dire un secret vraiment personnel à l'un en lui faisant promettre de ne pas le répéter à l'autre, parce que cela lui ferait trop de mal (version sensible), parce qu'il ne serait pas capable de comprendre (version bienveillante), et inversement... Les enfants perçoivent alors très bien le sens du mot **préférence**.

• Répéter à l'autre la confidence que vous a fait l'un, sous le sceau du secret là encore, en lui faisant jurer de ne rien dire – confiance oblige. Un secret étant fait pour être trahi, cela se saura très vite.

• Faire part à l'un de la profonde déception que vous ressentez vis-à-vis de l'autre.

• Faire un magnifique cadeau à l'autre – du genre un week-end de rêve dans un parc d'attractions – en faisant croire à l'un que l'autre l'a gagné à la tombola de l'école, pour éviter bien sûr qu'il ne soit jaloux.

• Répartir les dîners de la semaine en autant de soirées que d'enfants, de façon à être totalement disponible pour chacun : le lundi pour Trésor 1, le mardi pour Trésor 2, le mercredi pour Trésor 3, etc. Prenez bien soin de n'adresser la parole qu'au Trésor dont c'est le soir.

••• Cas n°2 : Vous n'avez qu'un enfant

La famille décomposée-recomposée est alors un compromis à étudier de près : pour Trésor, avoir des faux frères et des fausses sœurs peut être source de nombreux apprentissages du culte de soi-même, à condition de ne rater aucune occasion de lui manifester votre préférence, y compris dans un contexte où cela relèverait d'une profonde injustice. Ainsi, en cas de conflit, ce qui ne manque jamais d'arriver, l'épineux problème d'être juste ne doit en aucun cas se poser : il est légitime de **dédouaner Trésor** de toute responsabilité, surtout en présence de flagrant délit. Il ne peut pas être l'auteur du moindre méfait, ni avoir été à l'origine d'une quelconque dispute. Le reconnaître serait un aveu de faiblesse, un manque de soutien parental caractérisé, une profonde atteinte à l'estime de soi si nécessaire à l'épanouissement individuel ! Trésor a des privilèges, et c'est normal : il doit partager son père ou sa mère avec des intrus qu'il n'a jamais demandé à rencontrer. Naturellement, ne les laissez jamais se débrouiller ente eux.

Ainsi entouré et choyé, Trésor pourra grandir sereinement au sein de sa « famille », continuer à se sentir « le seul » quoi qu'il arrive, dévorer le monde et développer son sentiment de toute-puissance en toute tranquillité… Avec un peu de chances, il pourra finir trader.

La Petite Maison dans la prairie

Durant les premières années, puis à l'adolescence, il est rare de **ne pas devoir dire non à Trésor**, et c'est bien la première source de ces fameux conflits dont tout parent sait, pour l'avoir vécu en tant qu'enfant, qu'ils font partie de l'éducation…

••• Éviter les conflits

C'est certainement l'un des registres essentiels pour aider Trésor à ne pas vous faire revivre ces moments douloureux.

Cela sous-entend bien sûr de supprimer toutes contraintes, de n'imposer aucune limite, d'éliminer toute frustration et de tout négocier : le bonheur dans la vie est un genre de tout-tout de suite, tant on ne sait pas de quoi sera fait demain (le retour sur investissement, c'est bon pour les enseignants ou pour les fonds de pension !).

Les nombreux livres, articles et autres publications parus ces derniers mois faisant l'éloge de la frustration et du retour à l'autorité vous convaincront aisément du bien-fondé de l'évitement du conflit pour votre entreprise éducative.

Et si, par malheur, l'idée venait à Trésor de vous reprocher votre « laxisme », il reculera vite devant les nombreux exemples que vous pourrez lui donner des fameux livres que vous avez lus sur les traumatismes d'une éducation répressive...

Vous me suivez ?

Pas vraiment ?

C'est décidément **compliqué d'être parent !**

••● Se faire aider

Vous avez de nombreux alliés, et vous l'ignorez : fabricants, industriels, diffuseurs, producteurs, publicitaires, médias facilitent tous les jours la tâche éducative de **ne pas dire non**, à force de messages explicites relayés par la cour de récréation. Mieux, et cela prouve leur bonne volonté et leur sens des responsabilités, les mêmes n'hésitent pas non plus à délivrer l'antidote, sous forme, par exemple, d'émissions montrant du doigt les parents qui n'ont pas réussi à éduquer leurs enfants...

La question se pose ainsi : oseriez-vous prendre le risque de mettre Trésor à l'écart des autres – soit de nuire à sa socialisation –, pour une simple paire de chaussures hors de prix et qui ne lui ira plus dans six mois ? Supporteriez-vous d'attirer les regards courroucés des clients du supermarché face aux hurlements de Trésor qui ne comprend pas pourquoi vous vous opposez à remplir le caddie de ce dont il est certain d'avoir absolument besoin ? Quel parent assumerait tranquillement l'aveu de désamour équivalent à son refus d'achat ? Sans parler du fait que cela pourrait amener Trésor à voler ce que vous devriez payer si vous étiez un parent à la mode !

Et ce ne sont là que des exemples de consommation…

••• C'est Noël tous les jours !

Le quotidien est une source inépuisable de situations permettant d'**éviter la frustration**, au bénéfice de la construction d'un nid doux et tranquille, sans heurts, un havre de repos pour Trésor dont la vitalité normale bouscule tout sur son passage… **Dire oui** est certainement la voie la plus raisonnable pour installer un bonheur sans nuages… Et cela dès le plus jeune âge.

Mais attention, il s'agit quand même de ne pas faire n'importe quoi et il est souhaitable de sélectionner les grands domaines d'intervention :

Éviter la frustration se travaille dès la deuxième année de la vie. Il n'y a aucune raison pour que Trésor, en bonne santé, égocentrique et pulsionnel, accepte tranquillement de ne pas faire ce qu'il a envie de faire. Il n'y a donc aucune raison de le lui refuser, sachant que de surcroît c'est peut-être son potentiel artistique qui est en jeu : dormir dans la chambre de ses parents après les six histoires du soir, détruire le château en lego de son frère, tartiner de crème au chocolat les murs du salon, arracher les fleurs de la voisine, noyer le chat pour voir s'il fait des bulles...

Le non-apprentissage du différé, essentiel, s'étale aussi sur une très longue période. Supprimez de votre vocabulaire des phrases du type : « Tout à l'heure, je suis occupé », « Ce n'est pas le moment, on en parlera, mais plus tard ». Trésor sera tout à fait à même de comprendre très vite qu'il suffit de **demander pour obtenir,** qu'**attendre ne sert à rien**, que l'autre, à commencer par vous, n'a que des devoirs et lui des droits.

Anticiper son moindre désir, avant même qu'il ne le ressente : « C'est Noël tous les jours » est un bon slogan éducatif.

Si par hasard vous avez osé vous opposer – on ne sait jamais, un moment de fatigue peut tous nous guetter –, vous faire pardonner le plus vite possible, de façon à ne créer ni malentendu ni rancœur susceptible de nuire à la relation de confiance.

Lui donner sa place de prescripteur, au sens propre évidemment. Là encore, la publicité regorge de nombreux exemples d'enfants équipés de parents un peu dépassés auxquels ils expliquent comment choisir son abonnement de portable, son lait ou sa voiture…

Cela aura de vraies conséquences, mais à un âge où Trésor sera « autonome », c'est-à-dire capable de se conduire selon ses propres règles : aux autres de se débrouiller !

Succès garanti, *via* les multiples convocations dont vous serez l'objet émanant des différentes institutions où Trésor croisera un peu de contrainte et cherchera à **négocier ce qui n'est pas négociable**, comme le simple fait d'arriver à l'heure.

••• Entre les adultes

Dans le domaine des conflits, tout ne se résume pas à Trésor.

Le conflit entre adultes, surtout entre ses parents, reste très délicat à gérer et nécessite une véritable cohérence entre vous et votre conjoint(e). Outre le fait que les enfants supportent assez mal que leurs parents se disputent, Trésor, n'ayant jamais expérimenté avec vous la « zone de confrontation », risque de ressentir une angoisse profonde si un différend vous oppose, voire craindre d'être abandonné par l'un ou l'autre. Il faut donc dans ce domaine aussi supprimer tout conflit, la meilleure façon d'y parvenir étant de pratiquer l'asepsie affective, toute émotion *under control*.

Ce n'est pas donné à tout le monde, surtout quand on s'aime. D'autant que Trésor pourrait bien, lui, se donner un mal fou pour vous « monter » l'un contre l'autre.

Si vous sentez que vous n'y parvenez pas, le remède le plus efficace est bien sûr la séparation immédiate, à la condition qu'elle soit suivie de conséquences, comme ne plus se parler, dire en permanence du mal de l'autre, le rendre responsable de toutes vos difficultés, et de celles de Trésor.

Petit test de connaissances :

Question n°1 : il est 18 h 15. Trésor, âgé de deux semaines, hurle.

A : Il ou elle vient de voir à la télévision une publicité pour du lait et en veut absolument.

B : Il ou elle a des colites, cela finira bien par se calmer tout seul.

C : Il ou elle a besoin d'être dans vos bras, tout seul il ou elle ne parviendra pas à s'apaiser.

D : C'est un caprice, pas question de céder !

Question n°2 : il est toujours 18 h 15, trois ans plus tard et Trésor hurle encore. Il ou elle ne veut pas aller prendre son bain.

A : Vous allumez la télévision, cela va vous calmer.

B : Vous le ou la laissez continuer à jouer, il ou elle prendra son bain demain.

C : Vous le ou la laissez jouer pendant 10 minutes.

D : Vous lui offrez le cadeau prévu pour l'anniversaire de sa cousine, en échange de sa bonne volonté.

Question n°3 : il est toujours 18 h 15, Trésor a 13 ans et n'est pas rentré du collège.

A : Cela vous apprendra à lui avoir supprimé son portable la veille.

B : Il ou elle a dû oublier de vous prévenir qu'il ou elle avait une course à faire.

C : Vous vous inquiétez et appelez les parents de ses amis.

D : La prochaine fois que vous ne rentrerez pas à l'heure prévue, vous ne lui direz rien, cela lui apprendra !

La bonne réponse est bien sûr… multiple (A et D en priorité).

Les Experts

Maître mot de la société actuelle, c'est-à-dire celle où grandit Trésor, la communication doit être abordée comme une véritable exigence et non plus comme une simple capacité humaine dont nous sommes tous doués.

Susceptible en cas de déficit d'entraîner de graves troubles du langage, voire de la personnalité, la communication mérite donc une surexploitation allant bien au-delà des séances d'haptonomie qui vous ont été proposées durant la grossesse et du simple bain de langage des premiers mois et des premières années.

••• Trésor doit s'exprimer

Plus aucun d'entre nous n'ignore le B-A BA de toute entreprise d'éducation : parler à Trésor, lui expliquer, l'aider à exprimer son idée, son intention puis à affirmer son point de vue.

Quelques exemples pour vous accompagner au mieux dans ce domaine :

Entretenir le plus longtemps possible la confusion entre expliquer et justifier. Trésor finira par comprendre qu'une explication revient à une justification et ne risque alors en aucun cas de s'interroger sur la notion de responsabilité.

De la même façon, lui faire croire, au nom du droit à l'expression, que donner son opinion équivaut à forcer une décision conforme à l'avis ainsi énoncé. C'est valable dans la vie de tous les jours comme dans des circonstances plus exceptionnelles. Ainsi, en cas de séparation de ses parents et face au juge aux affaires familiales, Trésor, auditionné à sa demande, sera convaincu que ce dernier organisera le temps de garde entre vous et votre conjoint(e) selon son bon vouloir à lui.

••● Trésor et nous, on communique

Verbale, non verbale, dotée d'un ministère, source de nombreux emplois, productrice d'outils variés, la communication fait donc partie de votre projet de vie avec Trésor, qu'il le veuille ou non.

En la matière, et pour ne prendre aucun risque, il ne s'agit pas de communiquer avec, mais de communiquer tout court : ne vous préoccupez pas de Trésor, mais de la communication de Trésor. Terminé les simples faire-part de naissance et le sacro-saint livre où nos parents consignaient avec émotion la première dent apparue et la première mèche de cheveux coupée. Il s'agit à présent d'**exposer Trésor au monde**, et cela dès ses premières heures : les réseaux sociaux démultipliés permettront à tous – amis, parents, amis d'amis, amis d'amis de parents, faux amis – de suivre ses extraordinaires progrès, ses premiers voyages, ses découvertes. Il vous en sera certainement très reconnaissant, plus tard, quand il réalisera à quel point vous vous êtes montrés soucieux de sa publicité.

Cela sous-entend bien sûr de maîtriser en permanence son espace de vie, de l'étouffer sous vos mots et vos états d'âme en plus de l'étouffer sous vos cadeaux. Si cela ne pose aucune difficulté durant les premières semaines et les premiers mois où bébé Trésor et sa maman ne font qu'un, sur le plan émotionnel (c'est par exemple ce qui vous permet de faire tout naturellement la différence entre un pleur de rage et un pleur de souffrance), cela va s'avérer plus complexe quand Trésor réalisera que lui et vous, cela fait deux. Bien que ce soit une étape nécessaire à la construction de soi, on peut aisément contourner l'obstacle, là encore grâce aux nombreux outils de communication dont nous disposons : à titre d'exemple, supprimez le verbe lier de votre vocabulaire pour le remplacer par relier, le mot conversation par le mot connexion, le mot difficulté par le mot bug : « la connexion qui nous relie a buggé » est quand même beaucoup plus moderne et explicite que « je me suis sentie en difficulté avec Trésor ».

N'hésitez pas à l'équiper d'un téléphone portable dès qu'il sait appuyer sur un bouton et différencier les couleurs rouge et verte : une petite image toutes les demi-heures lui permettra à lui de suivre votre journée et à vous de ne pas souffrir du manque lié à son absence, si c'était le cas. Une petite angoisse, et hop une petite photo : c'est rapide et efficace. L'imitation étant l'un des plus forts leviers d'éducation, il en fera très vite autant – au moins avec ses camarades.

Plus tard, communiquez par mail ou par SMS, y compris quand vous êtes au même endroit, comme à la maison, où il risque de s'enfermer dans sa chambre et de faire comme s'il ne vous entendait pas quand vous l'appelez pour dîner – pour peu qu'il ressente le besoin d'un espace personnel.

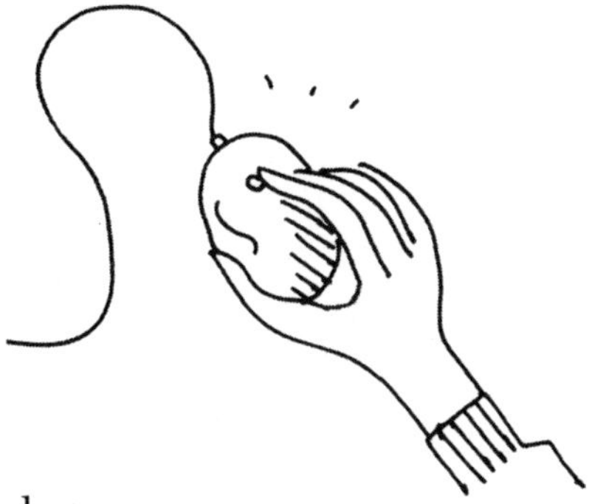

Ne lâchez pas à l'adolescence, où précisément la communication risquerait de vous échapper. Il y a de nombreuses façons de continuer à surveiller de près ses échanges, sur le Web, par exemple, au nom bien sûr des dangers que nous ne pouvons ignorer. Les solutions sont nombreuses : vous inscrire sur son réseau sous un autre nom, choisir un avatar, déléguer le suivi à une personne fiable de votre entourage, et faire installer une webcam dans sa chambre. Le tout, c'est qu'il ne s'en aperçoive pas.

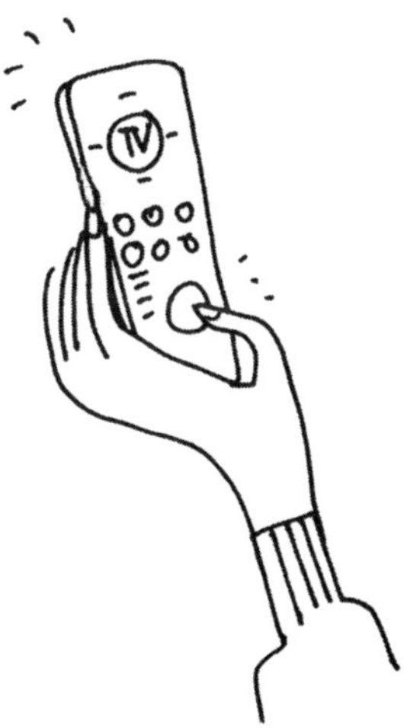

Un bon plateau de télévision n'est pas à négliger non plus : rien ne vaut une apparition dans un reportage – de préférence sur les événements douloureux de la vie – pour soigner la popularité de Trésor et partager avec lui un beau moment d'émotion médiatique. Il ne pourra que se sentir fier de ce moment de célébrité que vous lui aurez offert. Les quolibets dont il pourra être ensuite l'objet à l'école seront à considérer comme des signes de jalousie : tout le monde n'a pas la chance d'être ainsi exposé.

Ce qui nous amène tout naturellement au chapitre suivant qui présente une originalité certaine : il y a dix ans, je n'aurais pas pensé à l'écrire, tant « ils » ne faisaient pas partie de la famille…

Modern family

« Ils » ? Les écrans bien sûr.

Eh oui, ils font partie de la famille. Ils y occupent d'ailleurs une place de choix, se démultipliant à la façon d'une génération spontanée.

Souvenez-vous du jour où, généreux, vous avez installé dans la chambre de Trésor, à côté de sa console de jeux et de son ordinateur, votre vieux poste de télévision qu'un « écran plat » en promotion a avantageusement remplacé, au grand bonheur de toute la famille.

Essayez de les compter, vous vous rendrez vite compte que vous êtes cernés. Vous êtes sûrs de n'en avoir oublié aucun ?

Le problème est que, sauf à être volontairement un très mauvais parent, ce qui est hors de mon propos, aucun d'entre nous aujourd'hui n'ignore plus les effets de la consommation excessive et solitaire d'écrans sur l'attention des enfants, leur comportement voire la construction de leur intelligence.

Il va de soi qu'entre l'admiration que vous ressentez pour Trésor qui manie tellement mieux que vous la technologie, votre propre partie de jeu vidéo à terminer, la solution la plus radicale pour rater son éducation serait donc de l'encourager à passer sa vie devant les écrans dont vous l'avez entouré, sans jamais lui imposer aucune limite.

Une autre solution pourrait consister à tenter de limiter les dégâts dont vous n'êtes pas tout à fait seuls responsables : expérimentez la coupure de courant à partir de 21 heures, en faisant passer cela pour une mesure obligatoire de santé publique. Mais outre le fait que cela présente certains inconvénients pour la vie quotidienne, cela n'aura aucun effet sur l'ordinateur ou le téléphone dont les batteries présentent plusieurs heures d'autonomie. Vous avez toujours la possibilité d'instaurer une seconde mesure qui consisterait à déposer religieusement tous les outils de communication moderne, à 22 h 30, dans un lieu hors de portée, puis à se réunir autour d'un jeu de société à la lueur de la bougie… Et là, honnêtement, si cela ne provoque pas la guerre entre Trésor et vous, c'est soit parce que vous vivez dans une autre époque, ce dont je doute, soit parce qu'il a trouvé le moyen de vous entourlouper !

Non, le mieux est de se rendre à la raison et de traiter le mal par le mal.

Seule une surveillance permanente pourra vous apporter la sérénité. Comme suggéré précédemment, il vous suffira d'installer une caméra ou deux dans sa chambre, dont les images seront retransmises sur l'un des écrans familiaux. Du fait que c'est un procédé très en vogue à l'heure actuelle, Trésor ne sera pas surpris. Peut-être même se sentira-t-il flatté d'être ainsi au centre de la vie de ses parents dont l'unique programme sera de le contempler passant de son ordinateur à sa console de jeux, sur fond de télévision allumée…

••• Les bienfaits de la lumière

Face à de tels constats, rassurez-vous quand même : Trésor ne risque pas de faire partie de ces gens hypersomniaques, mous, endormis en quelque sorte, grâce à la formidable luminosité des écrans. En effet, on peut se demander si les industries de la technologie, toujours soucieuses de la bonne santé des populations, n'utilisent pas des matériaux semblables à ceux qui sont utilisés en luminothérapie. Cela expliquerait peut-être qu'on puisse passer la nuit devant son ordinateur, sans ressentir la fatigue, alors qu'on se serait assoupi depuis longtemps devant la vieille télévision…

Le problème risque de se poser le lendemain, quand Trésor devra se lever, et trouver dans la matinée le moyen de récupérer tranquillement – toutes les salles de classe n'étant pas encore équipées de tableaux écrans interactifs et tous les enseignants n'acceptant pas facilement qu'on dorme en cours.

Quand on pense qu'il y a encore des gens qui sont payés – avec l'argent public de surcroît – pour regarder des programmes, se demander si un enfant de 10 ou 12 ans peut les regarder aussi, y accoler une signalétique, s'imaginer que les parents auront le moyen de la faire respecter, on croit rêver…

… à moins d'en profiter pour en faire un sujet de discussion avec Trésor, à la lumière de la bougie, du style : en matière d'éducation, à quoi reconnaît-on une personne responsable ? Il ou elle vous surprendra certainement.

Plus belle la vie

Aucun parent normalement constitué ne supporte aisément de voir Trésor en proie à la tristesse et la tentation est grande de vouloir supprimer les causes éventuelles de chagrin, qui font certainement grandir mais sont une source féroce de culpabilité pour le parent qui n'en est pas responsable et souhaite avant tout le bonheur de son enfant. La disparition d'un être cher, la perte d'un objet important à ses yeux sont autant de situations de souffrance dont on peut tenter de venir à bout.

••• Le doudou de Trésor

Commençons par le plus courant : Trésor a un doudou, comme beaucoup de ses congénères (ou alors vous croyez qu'il a un doudou, comme beaucoup de vos congénères). Avez-vous pensé à en acheter une douzaine, au cas où il

le perdrait ? Bien emballé, cela ne vieillit pas. Prenez soin cependant de les « tripatouiller » régulièrement, de façon à ce qu'en cas de besoin, le remplaçant n'ait pas l'air trop neuf : Trésor risquerait de le rejeter.

••● Le petit chat est mort

Plus délicat : la succession du chat, du chien ou du lapin mort d'une crise cardiaque, du typhus voire parti vivre sa vie ailleurs. C'est toujours une immense tristesse pour un enfant, qui se dit qu'il n'aimera jamais « pareil » le suivant comme il a aimé le premier, et c'est souvent vrai : autant ne pas prendre de risque et donc ne pas accueillir d'animal à la maison.

C'est un peu radical, mais c'est efficace. Et si Trésor insiste vraiment trop pour en avoir un – sans doute parce qu'il en ressent le besoin – souvenez-vous qu'il existe de formidables jeux virtuels, dits éducatifs, où l'on peut adopter un animal, s'en occuper quotidiennement, le sortir, voire s'en désintéresser sans conséquence particulière : cela ne produit **aucun attachement véritable**, donc aucun chagrin.

••● La question qui tue

Sachez aussi qu'un jour Trésor vous posera la fatidique question, parce que cela fait partie de son développement : « Dis, tu ne mourras jamais ? »

Si c'est à chacun de se débrouiller comme il peut avec sa propre angoisse de mort pour trouver la réponse à apporter, on peut cependant mettre au point quelques stratégies pour le convaincre que la vieillesse n'existe pas et que la vie est une éternelle jeunesse.

Vos anniversaires sont l'occasion rêvée de parfaire son éducation sur le sujet : vu que vous ne vieillissez pas, en apparence (reportez-vous au chapitre « Une famille presque parfaite » pour quelques conseils sur le sujet), fêter toujours le même – à votre choix – peut vous apporter de grandes joies. Les plus téméraires en feront autant avec leurs enfants : imaginez le bonheur de Trésor quand il soufflera ses dix bougies le jour de ses quinze ans…

Lui faire comprendre le plus tôt possible que le corps est une simple mécanique, un outil dont on peut changer les pièces à la demande, ou bien en cas de nécessité, et dont on peut améliorer à l'envi les performances, maîtriser les évolutions. Une prothèse de hanche, une valve cardiaque, un bon lifting en sont autant de rassurantes illustrations. C'est d'ailleurs l'occasion de parfaire son apprentissage du culte du corps, dont notre époque est particulièrement friande.

Le décès d'un aïeul, d'un aîné peut être problématique, mais rien n'empêche d'éviter à Trésor ce « drame », pour peu qu'on ait bien pris soin auparavant de vérifier qu'il ne pense pas tout seul à des choses aussi affreuses : ne pas lui dire – il finira bien par arrêter de poser des questions, ou lui dire de façon abrupte, sans préparation, de façon à l'assommer.

••• Mettre Trésor à l'abri

Si le bonheur est dans la famille, le malheur et la souffrance peuvent arriver de l'extérieur. Comment échapper à toute cette misère du monde, ici, tout près, ou plus loin : les attentats, les guerres, la pauvreté, les meurtres, les viols, les tsunamis et autres catastrophes, naturelles ou non, dont la terre ne sortira pas indemne, et encore moins ses habitants ?

Comment protéger Trésor du traumatisme inévitablement associé à la prise de conscience qu'il ne manquera pas d'avoir ?

Comme tous les enfants, il aura envie de faire quelque chose pour la marche du monde, de venir au secours de ceux qui ont faim pour leur adoucir la vie, d'accueillir à la maison ceux qui n'ont plus de toit... Pur et choyé, il va vers de grandes déceptions, mais il ignore encore ce que vous savez depuis longtemps : rien ne sert à rien, le destin des hommes appartient à des forces occultes – l'or noir, les armes et les diamants, entre autres – sur lesquelles le simple humain n'a aucune prise !

Vraiment, mieux vaudrait lui éviter le désenchantement, et le soustraire à ces difficiles réalités, du moins durant son enfance innocente. Il sera grand temps, à l'adolescence, de le mettre en face de la vie à laquelle il n'aura pas été préparé, ce qui aura immanquablement pour effet de le dissuader de devenir adulte dans ce monde sauvage…

Les images les plus violentes étant celles qui sont diffusées durant les journaux d'information télévisée, il faut agir sans perdre un instant.

Première règle d'or : face aux informations, ne manifestez aucun affect, ne faites aucun commentaire, un peu comme si vous regardiez de la publicité. Trésor comprendra assez vite qu'il doit en faire autant, réprimera ses émotions et finira peu à peu par s'insensibiliser, ce qui est un pas non négligeable sur le chemin de la non-souffrance.

On peut aussi raconter à Trésor que les images, auxdites informations, sont virtuelles, comme dans ses jeux : c'est pour de faux, pour nous les grands, il n'y a pas de raison qu'on n'ait pas nos jeux à nous… (Il arrive d'ailleurs que ce soit le cas, ce qui permet de ne pas complètement mentir…) Ou alors que c'est une série quotidienne, avec des héros récurrents – les présentateurs – et puis d'autres qui sont de passage, un genre de guest, et du suspense bien sûr : on ne sait jamais comment ça va se terminer. On en a de la chance, nous les grands, c'est la seule série sans fin, il y a toujours de nouvelles histoires, de nouveaux personnages, des nouveaux rebondissements. On n'a même pas à attendre la prochaine saison. Sans parler de tous les produits dérivés : la presse, les livres de témoignage, le cinéma. Trésor, qui ne sait pas de lui-même faire la différence entre le réel et la fiction, entre le dessin animé et la publicité (il faut dire que ce sont souvent les mêmes personnages), n'y verra que du feu et vous lui éviterez ainsi de réaliser dans quel monde horrible vous avez osé le faire naître.

Quelques éléments de réponse à la question de la page 12 : « Quelle est la finalité de l'éducation ? »

L'un des objectifs de l'éducation est certainement de donner à l'enfant les outils qui vont lui permettre de se construire pour aller vers l'avenir, vers l'extérieur et vers lui-même : c'est en ce sens que l'éducation a une finalité sociale, en plus de la visée du bonheur et de l'épanouissement.

Peu d'entre nous, parents, envisageons clairement la relation entre éducation et insertion dans la société, organisée au profit du collectif selon des règles garantissant l'existence et le respect de tous mais qui sont le plus souvent perçues comme des freins opposés à l'accomplissement de l'enfant.

Autrement dit, et malgré tous vos efforts, il va vous falloir admettre que l'éducation de Trésor ne dépend pas que de vous… et qu'existe… la concurrence !

Entourage

Une nounou d'enfer

On a beau faire, le temps passe, Trésor grandit et il va falloir s'en séparer… C'est le cours de la vie, mais on peut tenter de le détourner !

La reprise de la vie professionnelle, pour la maman qui a accouché, peut en être apparemment à l'origine. Mais ce n'est pas si simple et nécessite de faire un choix en connaissance de cause.

••• Renoncer à travailler

Cela peut être une proposition intéressante, à la condition toutefois de faire savoir régulièrement à Trésor de quel sacrifice il est l'heureuse victime (souvenez-vous de la dette de vie). Que votre conjoint soit d'accord ou non importe peu : certes, nous sommes en démocratie, mais ici, **c'est Trésor qui prime**.

Cela vous permettra de surveiller son évolution de près, de poursuivre l'entreprise de stimulation entamée dès sa naissance sans craindre le ralentissement de son extraordinaire développement, voire de le soustraire à l'influence de congénères potentiellement délinquants dès l'âge de 3 ans. Disponible, moderne, vous pourrez aussi l'amener très précocement à démarrer l'apprentissage de l'anglais, ou de l'ordinateur, voire les deux à la fois et en un, et lui assurer ainsi une insertion professionnelle de qualité : sur le plan technique, cela se défend tout à fait, sur le plan éducatif beaucoup moins, dans la mesure où l'intelligence est d'abord une histoire de motricité de l'ensemble du corps (et pas seulement des doigts de la main) et le langage une histoire de lien à autrui.

Bien évidemment, s'occuper de Trésor toute la journée est une tâche difficile, aussi est-il souhaitable de veiller à pouvoir le coucher tôt, de préférence avant le retour de son père, qui a des journées harassantes et besoin, lui aussi, du plus grand repos. En s'y prenant bien, Trésor peut ainsi passer cinq jours d'affilée à ne jamais rencontrer votre conjoint, et se réserver pour le week-end. Cela lui donnera très vite l'habitude de ne pas s'adresser à lui pour les affaires courantes – les devoirs par exemple –, et vous garantira la première place en tout : ce n'est pas forcément la meilleure mais c'est la moindre des choses quand on a pris cette décision grave.

L'ensemble de ces conseils est évidemment valable dans le cas où ce serait le papa qui s'occuperait de Trésor et la maman qui irait travailler : seule la logique anatomique accordant un congé de maternité de quelques mois à la femme qui vient d'accoucher est ici prise en compte.

••• Ne pas renoncer à travailler

Reprendre son activité professionnelle est aussi possible, à la condition toutefois de ne pas perdre de vue ses objectifs et d'en nourrir une vraie culpabilité : ainsi, n'hésitez pas à lui manifester votre tristesse de le quitter, pardon, de **l'abandonner**, ni votre désarroi quand il pleure alors que vous revenez. Un petit cadeau quotidien dès les premiers jours de séparation sera le bienvenu : c'est un excellent moyen de vous déculpabiliser et de le préparer à sa vie future d'heureux consommateur.

Mais attention : confier son bien le plus précieux à autrui, c'est prendre le risque qu'il s'y **attache** et pour peu qu'on n'y prenne garde, Trésor pourrait facilement aimer celui ou celle qui en prend soin dans la journée… et peut-être moins vous aimer vous…

On peut lutter de nombreuses façons, la plus efficace étant de changer de mode de garde tous les six mois. Ou encore de le confier chaque jour de la semaine à une personne différente.

De la même manière, on peut démultiplier les baby-sitters du soir, quand on n'a pas renoncé à se priver de sortie pour bien montrer à Trésor qu'il est au centre de votre monde.

Autre possibilité : pour celles et ceux qui travaillent 18 heures sur 24, parce qu'ils ne peuvent pas faire autrement, la technologie moderne offre de nombreux avantages, comme la webcam – pour suivre ses progrès de loin : coucou, c'est maman ou papa sur l'écran, je te vois... Une fois passé les hurlements que cela risque de provoquer chez Trésor qui ne pourra pas comprendre d'emblée qu'on peut être à l'image sans être dans la pièce – et vous cherchera donc sans vous trouver –, il s'adaptera vite au lien « virtuel » ainsi créé. Vous enchaînerez ensuite avec le téléphone portable, dès l'âge de six ans. Ce sera un atout précieux pour la suite des événements et en particulier pour son éducation à l'image.

Les années collège

Un peu de sincérité ne fait jamais de mal : avouons-le, **l'école, c'est une horreur** ! Un ramassis de sadiques, de frustrés, qui ne comprennent rien aux enfants et encore moins aux parents, qui se permettent de porter des jugements profondément injustes et malveillants, pis, d'avoir des exigences, alors que franchement, ils sont mal placés pour parler de la vie : jamais sortis de l'enceinte de l'Éducation nationale, fonctionnaires de surcroît, toujours en vacances, que peuvent-ils bien savoir du monde d'aujourd'hui ? Porteurs de valeurs totalement caduques, comme l'effort, le plaisir d'apprendre – alors qu'on peut tout savoir faire en un clic, y compris des photos d'art –, les enseignants sont, disons-le tout net, ringards. Incapables de comprendre le sens du mot « épanouissement », de se mobiliser pour le bien-être immédiat de leurs élèves…

Le problème, c'est que Trésor doit réussir – il vous le doit bien. D'autant qu'il semblerait que la réussite scolaire soit,

entre autres, liée à l'importance accordée par les familles aux institutions. Comment donc le dégoûter de l'école, qui vous a pourri l'existence, souvenez-vous, sans en avoir l'air – et ce d'autant que la scolarité est obligatoire ?

Quelques méthodes ont fait leurs preuves, libre à chacun de choisir celle qui lui convient le mieux, en fonction de ses moyens, de son implantation géographique et de son ambition : grandes écoles programmées dès l'âge de 3 ans, mais aussi déscolarisation totale ou partielle à partir de 16 ans, voire orientation erronée.

••● Le culte de la performance

Assez commode pour tous ceux qui pensent avec des chiffres et des classements, le culte de la performance peut démarrer très tôt – dès l'âge de 4-5 ans : certaines écoles proposent d'ailleurs des relevés de notes dès la petite section, avant même que les enfants ne sachent compter. Le mieux est de vous procurer, lors de sa première inscription, le palmarès des lycées de votre région, et de remonter ensuite la filière : collège, école primaire, école maternelle. Le tout bien sûr en faisant un savant calcul de probabilités sur les quinze années à venir, intégrant le projet d'urbanisation, la suppression ou la réapparition de la carte scolaire, l'évolution du chômage et autres données socio-économiques plus ou moins simples à anticiper.

À la première chute de résultat, faire appel à des cours de soutien, coûteux mais déductibles des impôts. N'hésitez pas à y consacrer tout son temps libre, y compris le week-end. Et si jamais cela ne produit pas les résultats escomptés, le mieux est de s'en prendre à Trésor – qui décidément ne cesse d'augmenter sa dette tout en faisant son maximum pour la diminuer et vous prouver que dépenser tant d'argent est inutile, le problème étant peut-être ailleurs.

– Maîtriser le cahier de vacances, même en dehors des vacances : devenu sport national, le cahier de vacances, autrefois réservé au mois d'août, histoire de revoir les bases oubliées durant le mois de juillet, peut devenir un allié de choix, tout au long de l'année. Moins coûteux que la formule cours de soutien, voire gratuit sur Internet, son usage régulier peut s'avérer extrêmement utile pour parfaire l'entreprise de dégoût, se mélanger les pieds dans les méthodes d'apprentissage, devancer le programme et décrédibiliser l'enseignant. Le must : vous y mettre aussi, la formule adulte étant apparue depuis peu et rencontrant un vif succès. C'est l'occasion d'une vraie complicité : Trésor va adorer réaliser que **ses parents et lui, c'est pareil**…

– Croire dur comme fer que les filières scientifiques ouvrent toutes les portes et délaisser l'apprentissage de la langue française au profit de l'apprentissage des mathématiques est une sérieuse garantie de difficultés : essayez de résoudre un problème simple dont les consignes sont rédigées dans une langue que vous maîtrisez à peine et vous vous rendrez vite compte de l'étendue de la catastrophe…

– Rencontrer une ribambelle de spécialistes à la première difficulté, en en changeant au bout de deux séances si le miracle ne s'est pas produit : le sujet est délicat, il faut l'avouer. Que « valent » un psychologue, une orthophoniste, un rééducateur, une psychopédagogue, un thérapeute ?

Pour mettre toutes les chances de votre côté, autant tous les essayer ! Peu importe la file d'attente pour obtenir un rendez-vous, les différentes « écoles », le trajet pour s'y rendre, les horaires incompatibles avec votre emploi du temps… Et pour vous occuper dans les salles d'attente où vous allez passer le plus clair de votre temps, rédigez un petit courrier à la rubrique « psy » ou « éducation » de votre hebdomadaire préféré – toujours animée par un professionnel qui ne connaît rien à l'histoire de Trésor. Avec un peu de chance, la réponse qu'il vous fera sera en contradiction totale avec le diagnostic du dernier spécialiste que vous aurez consulté.

••• Des enseignants pour quoi faire ?

Dénigrer les enseignants est une mission prioritaire, et à la portée de toutes et de tous pour aider Trésor à prendre conscience du fait qu'il est un génie. D'ailleurs, c'est bien connu, tous les génies étaient de mauvais élèves !

Quelques idées :

– Trop de devoirs à la maison : encore un ou une qui ne sait pas tenir sa classe, laisse le chahut s'installer et ne termine pas son programme.

– Pas assez de devoirs : une feignasse qui n'a pas envie de passer du temps à corriger des copies.

– Une mauvaise note ? Il ou elle a dû lire en diagonale l'exceptionnelle création de Trésor. À moins qu'il ou elle

n'ait donné un contrôle sur ce qu'il ou elle n'a jamais jugé utile d'apprendre à ses élèves !

– Des difficultés de lecture ? Évidemment, il ou elle emploie la mauvaise méthode : globale, syllabique, mixte. C'est sûr, Trésor va devenir dyslexique à cause de son enseignant de CP !

– Des remarques sur le comportement ? Là, c'est carrément inadmissible, parce qu'à la maison, Trésor est adorable, il suffit de ne pas le contrarier.

– Très utile ! considérer ouvertement que les matières enseignées ne servent à rien. D'ailleurs vous-même avez tout oublié et réussissez très bien dans la vie.

En commençant dès le CP – à petites doses évidemment –, cela devrait porter ses fruits à partir du CM1, quand Trésor sera en âge de comprendre que les adultes ne sont pas des dieux : et à choisir, ce sera toujours vous qui aurez raison !

••• Le stress

Développer l'angoisse du collège dès le CM1 est essentiel : dans ce domaine, *a priori,* vous aurez peu d'efforts à fournir. Il suffit d'écouter les rumeurs, les on-dit, les faits divers, le tout en inscrivant Trésor à un sport de combat suffisamment tôt pour lui fournir les armes utiles en temps voulu. En vous y prenant bien, il ou elle ira à reculons mais l'air vaillant, convaincu qu'il ou elle sera abandonné par ses professeurs en cas de difficulté, guettant les agresseurs potentiels, soupçonnant le moindre individu d'en vouloir à sa personne et à son bien (y compris les adultes de l'établissement qui pourraient lui supprimer son quatrième téléphone portable, parce qu'on lui a confisqué les trois premiers qu'il vous dit avoir perdus…). Sans parler de l'immensité des lieux, de la multiplicité des enseignants, de l'excès de travail, de l'orientation en fin de troisième vers un lycée déclassé au top 50, et bien sûr de la crise d'adolescence… Bref, convaincus que la période d'insouciance est terminée, vous voilà prêts à accompagner Trésor et son sac à dos chargé vers ses belles années : courage…

Pas question de mollir au lycée : les résultats de Trésor ont chuté au collège, il va falloir resserrer les boulons. Mais rassurez-vous, l'essentiel est fait…

Friends

Parce que dévorer autrui est un interdit fondamental à la bonne marche d'une société civilisée mais que c'est parfois bien tentant, parce que c'est toujours de la faute de l'autre si les choses ne vont pas comme on voudrait, parce qu'il est impossible de s'en passer et qu'il pourrait bien nous dévorer à son tour, parce que sans l'autre pas d'émancipation possible, l'apprentissage de l'altérité est un sérieux challenge en matière d'éducation : les ennemis sont multiples, variés, imprévisibles, et propres, si l'on n'y prend pas garde, à dérouter Trésor du chemin que vous avez tracé pour lui.

La rencontre avec l'Autre est ainsi un vrai risque éducatif, à prendre très au sérieux (n'hésitez pas à le rajouter sur votre petite liste de départ, au cas où vous auriez oublié, ce qui peut se comprendre).

La consigne principale tient en un mot : **MÉFIANCE.**

••• L'entre soi, une valeur sûre

La socialisation, nécessaire à l'épanouissement de Trésor qu'il est difficile d'élever ouvertement dans une grotte, est une réelle source de difficultés : l'être humain est avant tout social, aussi son penchant naturel est-il d'aller à la rencontre de l'autre, sans que l'on sache très bien qui est cet autre et ce que la rencontre pourrait produire.

Dans la mesure où, malgré les efforts consentis, il est impossible de tout maîtriser, le mieux est de se contenter de rester au maximum entre soi, dans son « univers » d'origine : le risque est moindre de découvrir la **différence**.

Pratiquer le même sport, avoir les mêmes loisirs, manger de la même façon, parler le même langage, utiliser les mêmes codes, se rendre dans les mêmes lieux, écouter la même musique, suivre les mêmes études, partir en vacances au même endroit, avoir les mêmes ennemis, partager le même point de vue est une « petite garantie » pour permettre à Trésor de comprendre que **tout le monde ne vit pas dans le même monde** et qu'il est hasardeux de s'aventurer sur d'autres terres que la sienne.

••• S'affirmer

Mais ce n'est qu'une « petite garantie », qui n'assure en rien contre la naissance d'un lien affectif, comme l'amitié ou l'amour, qui pourrait bien détourner Trésor de la route sur laquelle vous l'accompagnez.

La conduite à tenir consiste dès lors à lui faire comprendre, à la première alerte, que tout lien affectif est une entrave à son **épanouissement personnel**, si essentiel. Un ou une « amie » pourrait, par exemple, avoir un désir d'activité sportive différent de celui de Trésor, qui pourrait se laisser tenter, malgré toutes les précautions prises au préalable : que choisir dans ce cas de son désir ou de celui de l'autre ? L'individualisme ou la frustration ? Leader ou suiveur ? S'affirmer ou « s'écraser » ? Il va de soi que de

nos jours, mieux vaut s'affirmer comme un leader, dès les premières années. Prenez donc toutes les décisions de manière unilatérale, et apprenez-lui à faire de même. Sans compter que, plus tard, le même scénario pourrait se reproduire, mais dans le cadre beaucoup plus grave du choix des études. Vous imaginez la scène :

« Papa, maman, mon copain Fred m'a convaincu : je vais préparer le concours d'infirmier », alors que vous investissez sur Sciences Po depuis dix-sept ans…

••• Jamais sans les autres

Les réseaux sociaux sont dans ce domaine d'une grande utilité : cela peut être l'occasion pour Trésor d'avoir beaucoup d'échanges sans en avoir vraiment, de rester isolé sans se sentir seul et ainsi de ne pas risquer de passer pour un « sans-ami », insulte suprême à l'heure de la mondialisation. N'hésitez d'ailleurs pas à vous y inscrire aussi, cela vous permettra de contrôler ses fréquentations.

••• Attention danger

Soyez vigilants au regard de la culture, et plus particulièrement de la littérature, dont l'un des bienfaits est d'ouvrir à la condition humaine et de donner sens à sa propre existence, en dehors des idées reçues et des expériences. Honnêtement, le danger, de nos jours, est mineur. Mis à part quelques best-sellers que tout le monde « dévore »,

Trésor a peu de chances de devenir un vrai lecteur, tant les sollicitations de l'image sont nombreuses et faciles d'accès.

Toutefois, comment être absolument sûr que Trésor ne s'ouvrira pas sur l'histoire et le monde au moyen d'un livre ? Pas de panique… La société, généreuse, s'emploie à décourager les meilleures volontés, et lire vraiment, du début à la fin, sans « zapette », en s'ennuyant un peu parfois, n'est pas vraiment valorisé.

Cela demande par ailleurs un effort sans productivité immédiate de plaisir, il y a donc peu de risques que cela se produise. Vérifiez cependant que le professeur de français de Trésor n'est pas un suppôt de l'édition, un genre prescripteur d'ouvrages qui ne seraient pas au programme.

••• Le risque suprême

Il semblerait que l'être humain, homme et femme, conserve la capacité d'aimer. Il semblerait même que c'est un idéal, une valeur pour les jeunes, au même titre que la famille. *A priori,* si vous avez bien respecté les règles du « chacun chez soi » et de mon « bonheur avant tout », Trésor peut certes tomber amoureux ou amoureuse – nul n'est à l'abri – mais vous en aurez limité les conséquences : s'engager lui sera quasi impossible, tant cela signifierait dépendre d'autrui et donc perdre cette belle armure dont vous l'avez équipé.

Mais dans le domaine, et pour être très honnête, on ne peut jurer de rien… (Pour plus de conseils, reportez-vous au chapitre « Encore un effort »)

Un petit test pour vérifier que vous avez bien compris :

Vous allez dîner chez des amis après les résultats du bac. Trésor vous accompagne : il ou elle l'a bien sûr obtenu, mais sans la mention « Bien » que vous espériez, alors que la fille de vos amis l'a eue, elle, la fameuse mention…

Choisissez votre réponse :

A : Il/Elle la félicite chaleureusement.

Si Trésor est un garçon, c'est de la drague… ou alors il est devenu fou (si Trésor est une fille, c'est qu'elle n'a rien compris à la compétitivité et va se faire avoir très vite).

B : Il/Elle lui demande comment elle a fait pour tricher.

Ce Trésor, quelle malice !

C : Il/Elle vient vous dire, à voix haute et en plein dîner, qu'elle a deux ans de plus que lui : son honneur est sauf.

Trésor mérite votre admiration : il ou elle a osé dire tout haut ce que pensiez !

D : Il/Elle fait un malaise.

Merci Trésor, ces gens-là sont vraiment détestables.

Encore un effort

… Encore un effort, vous arrivez au bout, plus que quelques années avant la retraite… Ce n'est pas le moment de flancher ! D'autant que l'**adolescence** est devenue un enjeu de société, voire de santé publique, tant il est légitime de vouloir **parer à la crise** ! Médecins, psy de tous poils, animateurs de télé, producteurs se donnent d'ailleurs un mal fou pour vous épauler durant cette dernière étape et vous aider à prévenir tous les dangers de toutes les sortes que Trésor va nécessairement croiser.

••• Pas de panique

Ne vous affolez pas : si vous vous êtes bien appliqués durant les premières années de la vie de Trésor, si chaque jour vous vous êtes répété que son adolescence serait un **cauchemar**, il y a peu de chances que cela se passe bien… Souvenez-vous des cris au supermarché qui vous faisaient céder, terrassés par le regard des autres, en proie aux pires

fantasmes de placement pour mauvais traitement... Des conflits que vous n'avez jamais eus... Des excuses que vous avez toujours trouvées pour justifier votre amour inconditionnel... Des frustrations que vous n'avez pas pu imposer...

Soyez donc sans crainte : l'adolescence n'est plus tant une affaire d'éducation, propre à l'enfance, qu'une affaire de relation.

C'est d'ailleurs à ce titre qu'il n'y a aucune raison de ne pas la faire démarrer au plus tôt, histoire d'en être débarrassé : huit-neuf ans semble être le bon moment pour affubler Trésor des atours de l'adolescence, douze ans pour l'autoriser à sortir le soir... Faites le calcul, et vous arriverez vite à la conclusion que le mariage à 14 ans n'était finalement pas si inepte que cela... À condition, bien entendu, de choisir l'heureux(se) élu(e).

••• La métamorphose de Trésor

La véritable difficulté, à l'adolescence, démarre avec la puberté et les changements du corps. Contrairement aux apparences, nous avons tous oublié cette étrange sensation de marcher équipé de palmes – tant les pieds ont grandi vite en peu de temps – cette sourde inquiétude de voir son nez devenir aussi imposant que celui de votre mère – et auquel vous avez échappé par miracle – cette attente cruciale devant le miroir de la salle de bains, taraudé par la lancinante question : quel tour mon corps va-t-il encore me jouer ?

Imaginez-vous en proie à une métamorphose imposée et inéluctable dont vous ignorez et la date de fin et le résultat : reconnaissons qu'il y a là de quoi troubler toute personne normalement constituée, à commencer par Trésor que vos amis ont salué un soir en lui disant exactement ce qu'il ou elle ignorait encore ne pas vouloir entendre : « Qu'est-ce que tu as changé... Je ne t'aurais pas reconnu ! »

Ne vous privez pas des petites phrases assassines :

« Tu n'as pas grossi ces derniers temps ? »

« Tu n'as pas oublié de te mettre du déo ? »

« Tu étais vraiment mignonne quand tu étais petite. »

« J'espère que tu ne vas pas continuer à grandir à ce rythme. »

« Tu devrais éviter le chocolat. »

La chirurgie esthétique ayant fait de gros progrès, rien ne vous empêche d'aider Trésor à traverser ce moment difficile à l'aide d'une petite intervention : n'oubliez pas que le corps est un outil.

••• Des promesses

Mais ce n'est pas tout. Au programme de la métamorphose sont associées un nombre de menaces à faire pâlir d'angoisse n'importe quel parent : la drogue, le racket, l'alcool, les mauvaises fréquentations, la pornographie et le sexe débridé, les MST, le sida, le tabac, les addictions virtuelles, la chute des résultats scolaires, la violence…

Pour une liste exhaustive, je ne saurais trop vous conseiller de vous en référer aux programmes des chaînes commerciales de télévision : ils sont très au courant.

C'est donc le moment d'**enfermer Trésor**, de le protéger au maximum des risques de la vie : il est fragile et jeune. Mais on n'enferme pas un ou une adolescente si aisément… et pour cause, il se prépare à vous échapper !

La règle de base se décline alors de deux façons, en apparence seulement contradictoires : la surdramatisation ou le déni.

Surdramatiser consiste à penser en termes de prise de risques ce qui n'est somme toute qu'une exploration du monde : cela permet de vivre en permanence dans l'angoisse. À un âge où l'on est poreux à force de se chercher, il y a peu de chances que Trésor en sorte indemne et confiant dans l'avenir : fouillez sa chambre, portez un regard soupçonneux à la première baisse d'appétit en déclamant de grands discours sur la tragédie de l'anorexie, surprenez-le à la maison en plein milieu de la journée – l'air de rien, évidemment – et reniflez l'atmosphère à la moindre odeur étrange. Dans la plupart des cas, Trésor cherchera à vous rassurer – les adolescents détestent l'inquiétude mal placée de leurs parents – et développera les stratégies nécessaires pour vous donner l'impression qu'il est encore un enfant et ne pose aucun problème. Jusqu'au moment où il voudra ne pas vous décevoir et adoptera ouvertement les comportements que vous le soupçonnez d'avoir.

La variante du **déni**

Le monde actuel est formidable et les progrès humains tels que l'on est autonome dès l'âge de 12 ans, voire responsable : inutile donc de vous préoccuper de Trésor qui se débrouille tellement mieux que nous au même âge. Quelle chance de faire si tôt les expériences que nous avons faites, nous, à 16 ou 17 ans, perdant ainsi un temps précieux ! Pourquoi d'ailleurs ne pas raconter à Trésor nos excès en tout genre ? Cela peut créer un bel élan de complicité autour de soirées thématiques où vous retrouverez votre chère jeunesse, tout en évitant à Trésor de vivre la sienne : le sexe et moi, la drogue et moi, l'alcool et moi… Sans limites clairement établies entre vous et lui, Trésor se donnera un mal fou pour vous alerter sur ce qui lui paraît trop dangereux, à lui, mais vous ne verrez rien : c'est ainsi, l'adolescence nous aveugle. Heureusement, il arrive que d'autres adultes voient à notre place. Prenez

donc soin d'éloigner tous vos parents ou amis qui auraient la prétention d'avoir décelé chez Trésor des difficultés qui vous auraient échappé.

••● Le point sensible

La plupart du temps, succède aux métamorphoses du corps la rencontre avec un Autre, la première histoire d'amour, signant le début de l'entrée dans la vie de jeune adulte à même de prendre la relève. Dans la mesure où cela ne se commande pas encore par Internet, vous avez un peu de marge de manœuvre pour éviter à Trésor les tourments de la relation amoureuse. La littérature et le cinéma sont une source inépuisable d'exemples, qui, utilisés à bon escient, peuvent servir de levier pour que Trésor comprenne que cela ne sert à rien d'autre qu'à faire souffrir, qu'on risque à tout bout de champ la trahison, qu'il vaut mieux être seul que mal, ou même bien accompagné.

Selon le sexe de Trésor, des variantes sont possibles : on peut convaincre une jeune fille que tous les hommes sont des salauds, et un jeune garçon que toutes les femmes sont des êtres cupides et jaloux.

Ainsi, placarder la prose de Musset (*On ne badine pas avec l'amour*, acte II, scène 5.) sur le mur des toilettes peut permettre de profondes méditations collectives sur le sujet :

« Tous les hommes sont menteurs, inconstants, faux, bavards, hypocrites, orgueilleux et lâches, méprisables et sensuels ; toutes les femmes sont perfides, artificieuses, vaniteuses, curieuses et dépravées ; le monde n'est qu'un égout sans fond où les phoques les plus informes rampent et se tordent sur des montagnes de fange… »

Et naturellement, supprimez la suite :

« … mais il y a au monde une chose sainte et sublime, c'est l'union de deux de ces êtres si imparfaits et si affreux. On est souvent trompé en amour, souvent blessé et souvent malheureux ; mais on aime, et quand on est sur le bord de sa tombe, on se retourne pour regarder en arrière, et on se dit : j'ai souffert souvent, je me suis trompé quelquefois, mais j'ai aimé. C'est moi qui ai vécu, et non pas un être factice crée par mon orgueil et mon ennui. »

Pour être tout à fait honnête, le résultat n'est pas garanti, du fait de l'existence de l'Autre, avec un grand A, sur lequel il y a peu de prises. Aussi, au cas où Trésor tomberait en amour, et qu'il vous en tiendrait informé(e), la solution la plus efficace est :

– soit de le « virer » de la maison pour haute trahison, et sans dédommagements ;
– soit de faire une chambre au nouveau couple sous votre toit et de considérer ainsi « l'Autre » comme votre enfant.

Dans un cas comme dans l'autre, ce ne sera pas viable, ni pour Trésor, ni pour vous… ni pour l'Autre.

••• L'avenir de Trésor

Enfin, il est essentiel de ne pas perdre de vue que Trésor va vivre dans un monde hostile, corrompu, avec des gagnants et des perdants : la terre ne sera bientôt plus habitable du fait du réchauffement de la planète, trouver du travail va relever du parcours du combattant, avoir un salaire décent puis une retraite sera l'apanage d'une minorité, mettre des enfants au monde le signe d'une inconscience meurtrière, voter le symptôme d'un début de débilité sociale… Bref, les quatre-vingt-dix années qui lui restent à vivre ne seront qu'une longue suite de souffrances et de désagréments auxquels il ne pourra échapper qu'en s'amusant le plus longtemps et le plus souvent possible, sans y penser : le divertissement doit être son mot d'ordre et ludique sa ligne de conduite…

À la condition bien sûr d'intégrer avec succès la classe préparatoire pour laquelle vous vous battez depuis sa naissance, souvenez-vous, et sans laquelle Trésor a peu de chances de suivre une formation qui lui donnera ensuite un emploi, non pour le bonheur de s'y réaliser, mais de façon à assurer votre retraite bien méritée !

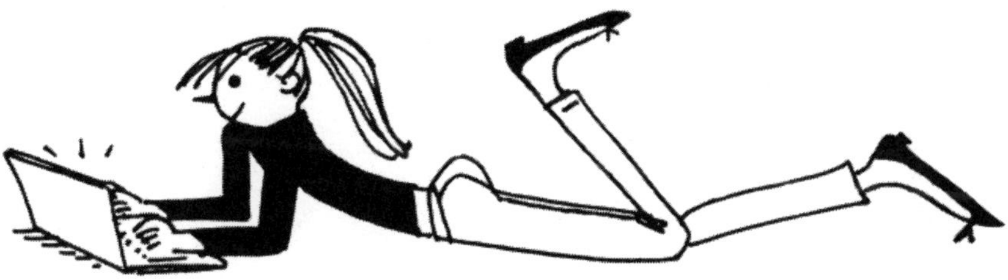

Au-delà
du réel,
l'aventure
Continue...

« Entendez ce que je vous dis, entendez d'autres personnes et puis faites comme vous l'entendez. »

Françoise Dolto

J'ai essayé de saupoudrer d'humour, ce joli mot aux trois premières lettres communes au mot humanité, le champ « éducatif » le plus large possible.

J'ai certainement oublié de nombreux points, aussi est-ce à vous à présent de poursuivre le travail : il y a bien un péril que vous redoutez par-dessus tout, un péril à vous, une histoire personnelle, quelque chose qui vous hante et qui vient on ne sait pas d'où, dont vous voulez protéger votre descendance... Un démon, un fantôme, une parole de sorcière penchée sur votre berceau... Un mystère, un sursaut, un incertain ? Une histoire de famille, peut-être même de filiation...

Parce qu'être parent ne se résume pas à être éducateur.

Parce qu'aucun d'entre nous ne souhaite échouer dans ce domaine.

Parce que nous faisons tous des erreurs.

Parce qu'on sait toutes et tous qu'il ne faut pas « taper » les enfants mais que parfois « ça » part tout seul et qu'ensuite on s'en mord les doigts.

Parce que si c'était si simple, il suffirait de suivre les conseils.

Parce que, si vous faites le tour de vos amis, ils réussissent tous mieux que vous, alors que vous faites comme eux.

Parce que l'éducation c'est avant tout une histoire qui a commencé bien avant nous et se poursuivra bien après.

Parce qu'être parent, c'est souvent se retourner sur le chemin parcouru, en se disant : aujourd'hui, je ferais autrement.

Parce qu'être parent, c'est faire ce qu'on peut, avec les moyens dont on dispose, dans une société donnée, pour donner à nos enfants les outils de la liberté et du bonheur. C'est douter, souvent, en pensant à sa propre enfance, qu'aucun manuel ne pourra jamais vous raconter.

C'est peut-être aussi tenter de se faire confiance et marcher main dans la main avec tous ceux qui partagent le même souci véritable de l'enfant, de l'enfance et de l'éducation, comme l'auteur de l'épilogue de cet ouvrage.

« Ne tirez pas sur le pianiste… Changeons la partition de l'orchestre ! »

Au Café du Commerce comme sur les ondes de France Culture, chacun pérore sur la difficulté d'élever nos enfants aujourd'hui et dénonce le vaste complot à l'origine de tous nos malheurs : un groupuscule de pédagogues irresponsables, soixante-huitards forcément « attardés », aurait pris le pouvoir en France depuis quarante ans et installé une idéologie de « l'enfant-roi » qui ruine définitivement l'autorité des adultes en famille comme à l'école, abolit toute exigence intellectuelle, sape le niveau en orthographe, encourage les jeunes à basculer dans la violence aveugle et compromet définitivement la place de la France dans le monde !

On pourrait en rire, bien sûr, tant le procédé est caricatural et le mensonge grossier : les pédagogues n'ont cessé, en effet, de rappeler l'importance de la « construction de la

loi » et de souligner la nécessité de l'implication de l'enfant dans des « activités » capables de lui faire découvrir l'importance des normes et les exigences du travail individuel et collectif. Ils n'ont cessé de dénoncer les impasses du spontanéisme et de montrer qu'il n'était que le corollaire de l'autoritarisme : on trépigne et s'épuise dans le « *Fais comme je veux !* »... avant de s'avachir dans le « *Fais comme tu veux !* » : « *Après tout, puisque tu ne veux rien entendre, tu n'as qu'à n'en faire qu'à ta tête ! Moi, ma vie, elle est faite ! Tant pis pour toi !* » Ainsi, la *toute-puissance* de celui qui confond l'éducation avec une fabrication et l'*impuissance* de celui qui prétend « respecter » une liberté qu'il faut précisément aider à émerger, ne sont que les deux faces de la même incapacité à penser la spécificité de l'entreprise éducative : créer des situations, penser des systèmes de contraintes et de ressources grâce auxquelles l'enfant, comme le disait le pédagogue fondateur de la modernité pédagogique, Pestalozzi, peut « se faire œuvre de lui-même ».

Mais la technique du bouc émissaire n'est pas seulement le signe d'une formidable inculture pédagogique, elle est aussi un moyen d'éviter de regarder en face les raisons fondamentales qui permettent de comprendre pourquoi il est, effectivement, plus difficile que jamais d'élever ses enfants aujourd'hui. Et ainsi, non seulement on rate une analyse essentielle à l'intelligence de la modernité, mais on s'interdit d'agir de manière pertinente sur des situations complexes. La caricature nous exonère à la fois de faire un peu de théorie et de changer nos pratiques.

Rappelons donc, d'abord, que nous assistons à une formidable accélération de l'histoire. Jusqu'à présent, les générations se superposaient suffisamment pour se transmettre l'essentiel des outils et méthodes éducatives. Les nouveaux parents disposaient donc, dans leur sac à dos, de solutions plus ou moins prêtes à l'emploi, héritées de leur propre éducation. Face à une question avec leurs enfants, leur première et légitime réaction était de se demander : « *Qu'auraient fait mes parents à ma place ?* », ou, plus simplement encore : « *Qu'ont-ils fait avec moi quand je leur ai posé un tel problème ?* » Mais ils ne trouvent pas de réponse toute prête dans leur sac à dos quand ils se demandent aujourd'hui : « *À quel âge faut-il acheter un téléphone portable ?* », ou : « *Que faire face à mon fils qui passe cinq heures par nuit devant* YouTube *et* Second Life *?* » Ou encore : « *Comment réagir quand ma fille pratique la scarification ?* » Et qui, franchement, peut prétendre avoir une réponse satisfaisante à ces questions, radicalement nouvelles ?

Les réponses éducatives sont à construire, pour chacun et par tous. Elles ne tomberont pas du ciel !

Car voilà bien une donnée fondamentale de la modernité : aucun « ciel éducatif » ne dicte plus sa loi. Aucun catéchisme, dans nos démocraties occidentales, n'a légitimité à imposer des principes et des règles capables de régir l'éducation de manière « évidente » et indiscutable. La chute des théocraties religieuses – le christianisme – ou laïques – le grand récit marxiste – nous laisse orphelins : sans vision claire d'un avenir commun, nous ne savons

plus « à quoi éduquer nos enfants ». Nous avons, tant bien que mal, construit un cadre démocratique pour se substituer à l'oppression d'une verticalité imposée, mais notre démocratie n'est pas aujourd'hui capable de définir un « bien commun éducatif » qui vectoriserait et unifierait nos interventions éducatives, en famille, à l'école et dans la société... Pas question, pour autant, de revenir en arrière. D'abord, nous ne le voudrions pas, ni pour nous ni pour nos enfants : qui, sérieusement, souhaite revenir au temps de la famille bourgeoise de jadis et de la « pédagogie noire » des années vingt ? Nous préférons encore, et à juste titre, les excès de nos lascars aux « désarrois de l'élève Törless » ou aux persécutions malsaines de *Ruban blanc*... De plus, nous craignons – et nous avons infiniment raison ! – la montée de nouvelles théocraties fondamentalistes avec leur cortège d'oppressions et d'assujettissements. C'est pourquoi la faillite des théocraties traditionnelles en Occident, souvent présentée comme une « crise », est aussi une chance pour fonder l'éducation sur le travail collectif d'une société adulte, capable de se projeter dans un futur et de se doter d'un vrai projet éducatif par et pour la démocratie. Mais il faut, pour cela, que nous sortions de nos individualismes !

Or, justement, rien n'est gagné de ce côté-là ! « L'individualisme social » est, en effet, aujourd'hui triomphant. Dès lors que rien ne vient du dessus – « faire tenir les hommes ensemble » – et que le travail démocratique ne prend pas vraiment le relais, chacune et chacun se pense fondé à considérer ses intérêts individuels comme pouvant avoir force de loi. La société devient une juxtaposition d'individus plus ou moins rassemblés dans des groupes fusionnels identitaires inféodés à quelques leaders charismatiques. On cherche en vain, dans le champ politique, des configurations de sujets débattant raisonnablement sur des objets identifiés. Seules des initiatives associatives ou quelques expériences de « démocratie participative » tentent de briser la loi de l'individualisme social et de construire des agoras pacifiées au milieu de l'exaspération des rapports de force. Chacune ou chacun se dote donc de ses propres repères, avec pour critère ultime de validité le fait d'« être bien dans ses baskets ». Difficile de construire une éducation émancipatrice pour notre temps dans ces conditions !

D'autant plus que nous oublions trop vite une des caractéristiques majeures de notre temps : pour la première fois, avec le recul de la mortalité infantile et la systématisation heureuse de la contraception, tout enfant qui vient au monde est un enfant désiré. Ne nous en plaignons pas ! Mais constatons le glissement, trop souvent ignoré, entre « enfant désiré » et « enfant du désir » : quand l'enfant devient l'« enfant du désir », il est là pour combler le besoin des adultes. Ce n'est plus aux parents de faire le bonheur de l'enfant, mais à l'enfant de faire le bonheur des parents. Ce n'est plus la famille qui fait les enfants, mais les enfants qui font la famille. Et chaque adulte veut être aimé, le plus aimé, par un enfant à qui l'on confère

ainsi prématurément un pouvoir fantastique. Là se trouve, sans doute, un nœud essentiel : aucune véritable éducation n'est possible quand les adultes se livrent à une surenchère pour obtenir l'amour, quand ce n'est pas l'assentiment, de leur progéniture !

Faut-il, alors, renoncer à éduquer nos enfants ou se contenter de livrer, au jour le jour, une éducation empirique guidée par les circonstances et calée sur les conseils qui nous arrivent de tous côtés, orchestrés par les psys de toutes sortes et les commerçants réunis ? Sans aucun doute, non. Ce serait suicidaire ! Il nous faut, en revanche, simultanément, penser ensemble les conditions à moyen et long terme d'une éducation à la démocratie, et se doter d'une morale provisoire. *Une éducation pour la démocratie*, c'est une éducation qui fait de l'apprentissage de la pensée autonome son objectif premier : restaurer le sursis à l'acte contre le triomphe du pulsionnel, donner du temps et des outils pour réfléchir afin d'échapper au caprice mondialisé, permettre l'émergence de configurations délibérantes contre les coagulations fusionnelles et passionnelles… *Se doter d'une morale provisoire* en attendant : ne pas se laisser manipuler par les slogans ni sombrer dans les facilités du moment, résister à la pression du mimétisme de la mode, du consumérisme des marchands, du passéisme des nostalgiques et de l'aventurisme des apprentis sorciers. Bref, résister à l'air du temps. Faire œuvre d'intelligence. Ou, en d'autres termes, conjuguer l'humour et l'obstination. La distance qui nous libère et l'implication qui nous engage.

Vers moins de sottises et plus d'humanité. C'est ce que fait admirablement ici Virginie Dumont. C'est pourquoi il fallait la lire toutes affaires cessantes.

Philippe Meirieu
Professeur à l'université Lumière-Lyon 2

Liste des risques à éviter à Trésor

Liste des prénoms improbables à donner à Trésor

Liste des écrans entourant Trésor